JULES BOISSÉ

LE CHRIST

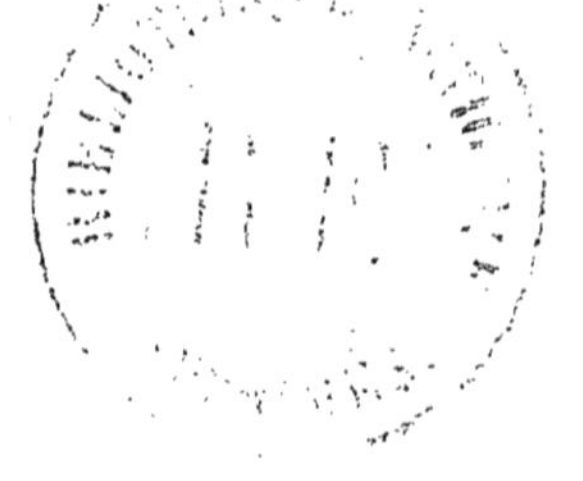

Prix : 50 centimes

PARIS
IMPRIMERIE MODERNE (BARTHIER DIRECTEUR)
RUE JEAN-JACQUES-ROUSSEAU, 61

1874

LE CHRIST

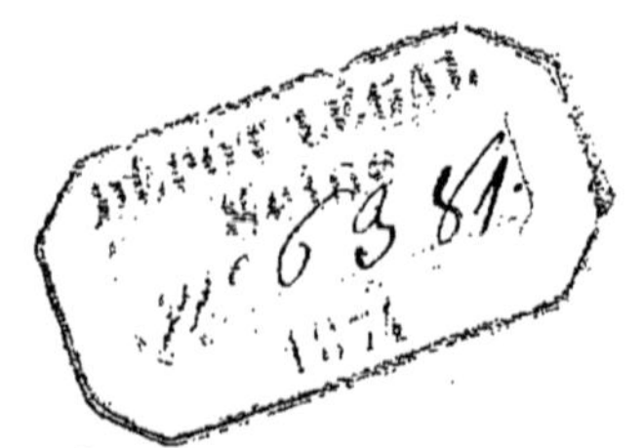

MADELEINE

Elle a dans le désert porté son âme ardente.
Toujours humble et sincère et toujours sans amis
De tous les désespoirs elle a suivi la pente.
Aujourd'hui, seule et forte, à tout bonheur permis,

A toute œuvre d'un jour désormais étrangère,
Faite pour le cilice et le corps endurci,
Elle repose en paix sur son lit de fougère,
Les yeux sur un vieux livre et l'âme loin d'ici.

Loin d'ici-bas, séjour de ruse et de mensonge,
Pays sans liberté, royaume sans bonheur,
Et, forte par Dieu seul, à lui seul elle songe,
Et les anges émus contemplent sa pâleur.

O sœur des éprouvés, servante et pécheresse,
Ame esclave rendue au Maître sans orgueil,
J'ai porté ton fardeau, j'ai connu ta tristesse!...
Comme toi, mais plus faible, au fond du même deuil

Je garde un monde mort qui ne doit plus revivre,
Et, seul aussi, moins pauvre, ayant su moins aimer,
J'attends Celui qui passe et Celui qui délivre,
Je vois l'inexprimable où tout doit s'abîmer.

Je vois la paix auguste et le ciel sans mystère,
Le séjour rayonnant de toutes les clartés,
Les lis éclos du sang des martyrs de la terre,
La palme des vertus, l'arbre des vérités.

Je vois Socrate avec sa coupe empoisonnée
Où l'homme met la mort et l'ange le bonheur,
Je vois Jésus le Dieu, sa tête abandonnée :
L'éternel sacrifice et l'éternel honneur.

Mais toi, pensive et triste, austère Madeleine,
Toi qui lis dans le livre où Dieu met ses secrets,
Loin de tout, seule au ciel, tu retiens ton haleine,
Plus repentie encore et tu vois sans regrets

Les hommes s'agiter loin du Maître sublime,
Marthe se dépenser en d'éternels labeurs,
Tout l'égoïsme heureux qui roule dans l'abîme,
Et pour mieux t'isoler tu gardes tes rigueurs.

Oui, même au ciel, aux jours de bonheur et de gloire,
Même lorsque la paix viendra renaître en nous,
Luttant contre la palme et contre la victoire,
Le juste, sur la pierre usant ses deux genoux,

Ses deux mains sur ses yeux, son âme ensevelie,
Écoutera tremblant ce qui parle sans mots,
Gardant son front pensif et sa lèvre pâlie,
Et son cœur déchiré dans l'éternel repos.

LES CHARTREUX

La cloche de minuit a sonné sur le cloître;
Dans les longs corridors on voit paraître et croître
Des files de clartés se mouvant vers le chœur,
Chaque homme est revêtu d'un froc ou d'un suaire,
Il est choisi pour dire aux choses de la terre
Que tout devant mourir, rien n'arrive au bonheur.

Ils sont nés sans désirs, pour parler sans paroles.
Leurs formes sont des mots, leurs corps sont des symboles.
Inutile et muet, le moine doit montrer
Que l'espoir à lui seul peut faire vivre un homme;
Il accepte, vivant, de devenir fantôme
Et de vaincre la tombe avant que d'y rentrer.

Œuvre obscur : ce que Dieu met dans ces cœurs de glace
Sur les sentiers humains ne laisse pas de trace;
Le monde se révolte et demande pourquoi?
Pourquoi donc ces rêveurs, les mains sur leur visage?
Pourquoi ces yeux fixés à l'éternel rivage,
Cette prière morte et cette sombre foi?

Pourquoi? Pour la justice et contre la folie
D'un monde où l'indigent à la face avilie
Vient mourir incompris au seuil de nos palais
A cette soif de l'or qui fait l'Enfer sur terre,
Il faut un contre-poids d'impassible mystère,
De détresse rigide où s'incarne la paix.

Respect à tous ces fous brisés par le cilice,
A cette absurdité de se faire un supplice
Avec des jours tissés de larmes et d'ennuis.
Ceux qui sont nés acteurs de ces lugubres rôles
Ont eu plus d'une fois à hausser les épaules,
Mais ils ont vu passer des anges dans leurs nuits.

Ils savent le dégoût de ces heures amères,
Ils ont pour ennemis des mondes de chimères,
La raison, le bon sens, le cœur qui veut aimer;
Il leur est dangereux de lire l'Évangile,
De savoir que le Maître allait de ville en ville,
De voir la moisson mûre et les champs à semer.

Ils ont ce dur labeur de cacher leur justice,
De paraître l'orgueil étant le sacrifice,
D'aller vers la lumière en lui tournant le dos;
Pareils à ces rameurs de l'antique galère
Qui ne voyaient encor, même en touchant la terre,
Que l'infini du ciel sur l'infini des flots.

O bizarres gardiens de la cité dolente,
Mornes traits-d'union entre le ciel et nous,
Je m'arrête éperdu sur l'inflexible pente
Que vous descendez à genoux.

Je vois le gouffre mort où votre âme sommeille,
Ce que vous attendez dans l'ombre et votre espoir
D'attirer vers les cieux par le jeûne et la veille
L'homme vivant de désespoir.

J'écoute avec terreur cette sombre harmonie
Des cœurs lassés de vivre et des voix sans amour,
Je lis sur votre habit et dans votre agonie
Ce que sera mon dernier jour.

Ah! vanité, néant, figure passagère,
Monde sans consistance et songe sans repos,
Travail inexpliqué de l'Esprit sur la terre,
Du principe contre les mots,

Ce que vous exprimez n'est pas compris des hommes;
On voit la solitude et non pas la douleur,
On ne voit pas l'essor brisé sous ces fantômes,
On sourit de cette pâleur!

Pour moi, je hais votre œuvre en aimant son principe;
Je sais la liberté des esclaves de Dieu,
Je comprends que l'on fuie et que l'on s'émancipe
En cet épouvantable adieu.

Chantez donc et priez dans la sombre vallée,
Voix de l'arbre immortel qui ne fleurit qu'aux cieux!
Vers le mystique azur que votre âme envolée
Se mêle aux anges, nos aïeux.

Aimez en gémissant votre lit de misère,
Goûtez l'étrangeté de votre affreuse loi,
Oubliez, s'il se peut, cette espérance altière
De dire aux hommes : « J'ai la foi ! »

Une croix de bois noir vous attend dans le cloître ;
L'herbe de la montagne embaumera vos corps :
Sur vos tombes de fleurs l'oubli n'a point à croître,
Hommes sans noms, frères des morts.

Vous aurez connu l'art de ne pouvoir plus vivre,
De ne plus compatir, pas même à vos douleurs,
Instruits, dans cet Éden glacé qui vous enivre,
A mourir n'ayant plus de cœurs!

Le Christ

Lorsque le Christ fut près de quitter cette terre,
Il s'arrêta pensif au bord de l'infini ;
Avant que de partir il consulta son Père.
Il voulut être sûr que l'œuvre était fini.

Ce n'était pas la mort qui tourmentait son âme :
Qui souffre par vertu croit n'avoir pas souffert.
Mais il n'était pas sûr d'avoir tué l'infâme,
D'avoir d'assez d'amour éclairé notre enfer.

Avant donc de livrer ses membres au supplice
Et de s'asseoir victime à son dernier festin,
Discutant froidement l'heure du sacrifice,
Son âme sans trembler consulta le Destin.

« O vous ! » s'écria-t-il, « vous la force innommée,
« Vous la sainte Justice et vous le seul espoir,
« Pouvez-vous m'assurer qu'après l'avoir semée
« Ma vérité croîtra ? Suis-je au bout du devoir ?

« Ai-je assez affermi les assises du Temple?
« L'homme engendré par moi l'est-il pour son bonheur?
« Quelque progrès du moins suivra-t-il mon exemple,
« Votre œuvre, œuvre incomplet, en sera-t-il meilleur?

« Je suis comme l'épi promis à la faucille;
« J'ignore, après avoir mûri dans le soleil,
« Pourquoi l'on doit frapper ma tige qui vacille
« Et donner une croix à mon dernier sommeil.

« Je vois une moisson de haines et de guerres,
« Les hommes après moi pour moi s'entretuer;
« Je vois s'amonceler des siècles de colères,
« Dans une horreur sans but le mal s'évertuer.

« Pourquoi ma mort, si Dieu les laisse à leur malice?
« Qui vais-je délivrer par mon sang répandu?
« Je vois bien après moi des fils de mon supplice,
» Je ne vois pas un monde à plus d'espoir rendu.

« Je vois partout la crainte et partout la misère,
« Partout l'orgueil aveugle écrasant la bonté;
« Je vois le tigre en paix dormir dans sa tanière,
« Le meurtre triomphant, l'agneau persécuté,

« Des hommes à l'œil froid oublier qu'ils sont frères,
« Des êtres sans amour s'amasser des trésors,
« Des fils s'entretuer sous les yeux de leurs mères,
« Des tyrans discuter sur des genres de morts.

« Alors pourquoi céder? Pourquoi cette victime,
« Pourquoi tant de forfaits s'ils ne nous sauvent pas?
« Pourquoi faire ici-bas commettre un nouveau crime,
« Et dans l'ombre, à ma suite, égarer tant de pas? »

Ainsi Jésus tremblant contemplait le mystère.
Vers l'étrange Avenir fixant son œil profond,
Il jugea si lointain son règne sur la terre,
Qu'il sentit malgré lui s'appesantir son front.

Une voix cependant soupira dans l'espace,
L'homme, le Dieu, crut voir une aile qui passait,
Un souffle en frémissant vint effleurer sa face,
Il sut que dans son cœur la force renaissait.

« Meurs, » lui disait la voix de sa bouche invisible,
« Bien d'autres après toi connaîtront cet effort,
« Pour bien des jours encor le mal est invincible,
« Tu n'es pas le dernier à sombrer loin du port.

« Tu n'es pas le dernier, mais par delà les âges,
« Dans l'immense promesse où ton regard se perd,
« Par delà cent mille ans obscurcis de nuages,
« Vois le siècle de paix qui s'est enfin ouvert!

« Vois l'homme secouru perdant l'instinct du crime,
« La liberté de vivre et le droit de s'aimer,
« Dieu compris devenant d'un abîme une cîme,
« Vois la fraternité qui de toi peut germer.

« Vois l'apôtre prêchant le mieux sans la souffrance,
« La terre une et sans maître et rendue à sa loi,
« La force sans abus naissant à la clémence,
« L'avarice à l'amour et le doute à la foi.

« Vois l'unité rendue aux langues de la terre,
« Le droit sans réticence et l'espoir sans calcul,
« Et la justice heureuse, et le vrai sans mystère,
« L'équité sans combats, le progrès sans recul. »

— « C'est bien. » — L'homme pensif comprima la nature.
« Oui, » dit-il, « je le veux, » et l'ombre dans son cœur
Entra. De ce moment, il n'eut plus un murmure,
Vers la Croix, vers la Pâque il s'élança vainqueur.

Qu'y faire ? Il fallait bien donner la paix au monde.
Même avec cent mille ans de doute, il le fallait ;
Dût-elle, en attendant, demeurer inféconde,
Cette goutte de sang à Dieu se soumettait.

Il tomba. Depuis lors nous vivons son martyre,
Et, semblables à lui, nous demandons pourquoi ?
Et comme lui pourtant nous marchons sans mot dire
Vers d'obscurs désespoirs offerts à notre foi.

Nous savons comme lui ce qu'il faudra de haines
Avant que la clarté se lève sans effort,
Avant que ce qui sort des poitrines humaines
Se fasse âme de vie, étant souffle de mort.

Mais une loi nous dit que de tous ces supplices
Un bienfait éternel naîtra pour nos amis,
Et ce vague suffit : il fait nos sacrifices.
Et, confiant du moins en Dieu qui l'a permis,

Nous mourons, sans savoir pourquoi cette souffrance,
Martyrs, mais par raison subissant ce trépas,
Sans promesse prochaine et pauvres d'espérance
Pour des siècles lointains que nous ne verrons pas.

Paris. — Imprimerie Moderne, Barthier, dr, rue J.-J.-Rousseau, 61.

PROCHAINEMENT

BALZAC PHILOSOPHE

www.ingramcontent.com/pod-product-compliance
Ingram Content Group UK Ltd.
Pitfield, Milton Keynes, MK11 3LW, UK
UKHW022211190726
13855UKWH00004B/1712

9 782013 256285